Benny Blu®

Zähne

Starke Beißer

Text von Renate Wienbreyer

Illustriert von Axel Teichmann und Angelika Grothues

Für Kayleigh Anderton aus Bad Honnef,

die unbedingt wissen wollte,

was Zähne alles können

Benny Blu und der Eberzahn

Benny und Michi sind mit Opa im Wald unterwegs. Sie wollen Pilze suchen. Aufmerksam streifen sie durch das Gestrüpp. Plötzlich bleibt Benny stehen.

„Schau mal, Michi, da blinkt es so weiß im Boden!" Benny will den weißen Stein herausziehen. Aber er steckt fest. „Mist! Dich krieg' ich!", ärgert sich Benny.

Mit seinem Taschenmesser gräbt er das weiße Ding aus. Es ist ein langer, gebogener Zahn. „Mensch, Benny, hast du ein Glück! Das ist ein Eberhauer!“, freut sich Opa.

Opa erklärt, dass der Eckzahn von einem Wildschwein stammt. Es ist schon lange tot. Nur der Zahn ist übrig geblieben.

Michi hat eine Schnur dabei. Er knotet sie um den Zahn. „Jetzt hast du einen Glücksbringer! Er wird sicher lange halten.“ Benny freut sich und überlegt:

„Sind meine Zähne auch so hart? Warum können sie trotzdem krank werden? Warum bekommen wir zweimal Zähne? Und wie hilft der Zahnarzt?“

Tierzähne

Die Menschen der Uhrzeit gingen oft jagen. Sie trugen die Eckzähne erlegter Tiere als Glücksbringer um den Hals. Die Kraft des Tieres sollte so auf den Jäger übergehen.

Baumaterial

Die Stoßzähne des Mammuts waren aus hartem Elfenbein. Damit bauten die Urmenschen ihre Hütten. Sie schnitzten auch Waffen, Werkzeug und Schmuck daraus.

Elfenbein

Die Stoßzähne der Elefanten bestehen aus wertvollem Elfenbein. Wilderer töten die Tiere deshalb. Sie verkaufen das Elfenbein für viel Geld. Das ist verboten.

Arbeitszähne

In Süd-Asien arbeiten gezähmte Elefanten als Lasttiere. Mit ihren starken Stoßzähnen tragen sie große Baumstämme.

Menschen-zähne

Die Urmenschen hatten ein sehr starkes Gebiss. Mühelos zerrissen sie damit Fleisch. Ihre kräftigen Backenzähne zermahlten auch harte Pflanzen-fasern.

Benny Blu Wissens-Tipp

Kräftiger Biss

Zähne sind der härteste Stoff in unserem Körper. Der größte Kau-muskel lässt die Zähne mit einer Kraft von achtzig Kilogramm zu-beißen! So viel wiegt ungefähr ein erwachsener Mann!

Wozu brauchst du Zähne?

Mit deinen Zähnen zerkaust du das Essen. Kleinere Stücke verdaut der Magen besser.

Sprechen

Die Zähne helfen dir, deutlich zu sprechen. Sie stoppen deine Zunge, Laute entstehen.

Lachen

Gesunde Zähne sind schön! Ein strahlendes Lachen schaut jeder gerne an.

Aufbau eines Zahnes

Der Zahn besteht aus Krone und Wurzel. Die Krone ist mit hartem Zahnschmelz überzogen. Darunter liegt das Zahnbein. Das Zahnmark besteht aus Nerven und Blutgefäßen.

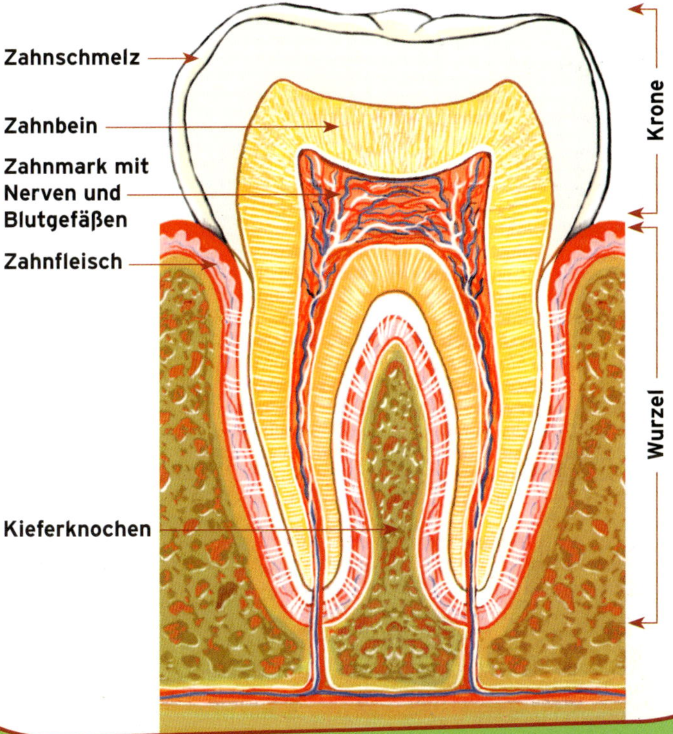

Tief verwurzelt

Jeder Zahn sitzt fest im Kiefer. Die Zahnwurzel passt genau in ein Zahnfach, wie ein Puzzleteil in das andere.

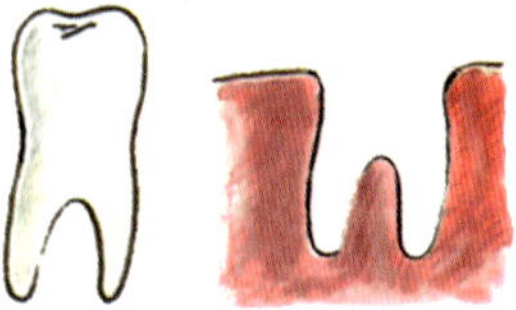

Zahn Zahnfach

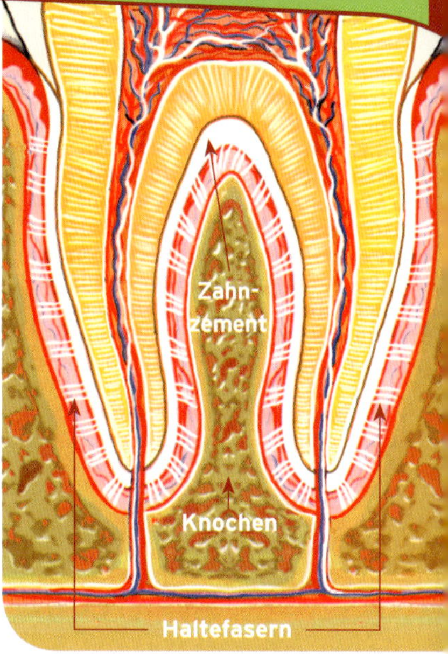

Fest verankert

Der Spalt zwischen Zahnzement und Knochen wird durch Haltefasern überbrückt. Diese Fasern verankern den Zahn im Zahnfach.

Benny Blu Spezial-Frage

Benny Blu wollte gerne wissen, warum Babys ohne Zähne zur Welt kommen. Hier die Antwort:

Verletzungsgefahr

Babys werden meist gestillt. Sie saugen Milch an der Brust der Mutter. Mit Zähnen würden sie sie verletzen.

Zahnknospen

Babys kommen aber schon mit Zahnknospen zur Welt. Aus den Zahnknospen wachsen nach ein paar Monaten die ersten Zähne.

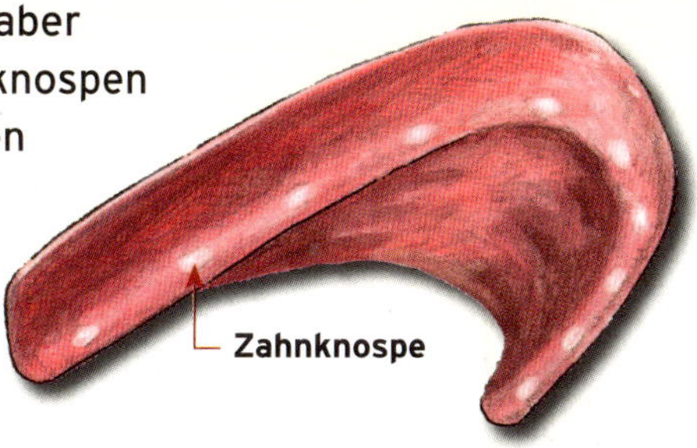

Die Milchzähne

Bis zum Alter von etwa sechs Jahren haben Kinder 20 Zähne. Sie heißen Milchzähne. Der Grund: Beginnen die Zähne zu wachsen, trinkt das Baby vor allem noch Milch.

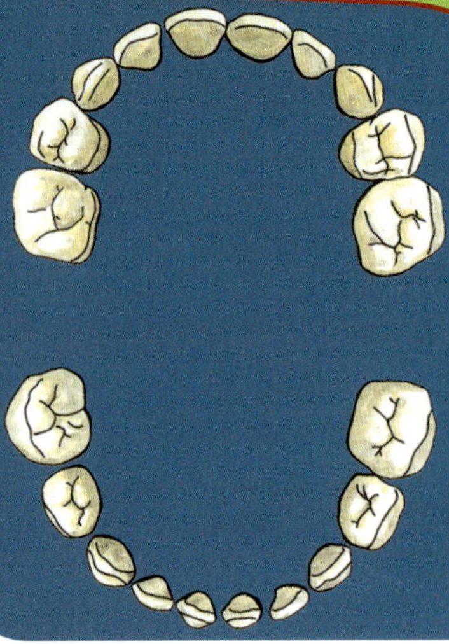

Kräftig zubeißen

Die ersten Zähne kommen ab etwa sechs Monaten. Nun können die Babys auch festere Nahrung essen.

Erste Zahnlücken

Mit ungefähr sechs Jahren beginnen die Milchzähne allmählich auszufallen. Die zweiten Zähne rücken nach. Sie schieben die Milchzähne aus dem Zahnfleisch heraus.

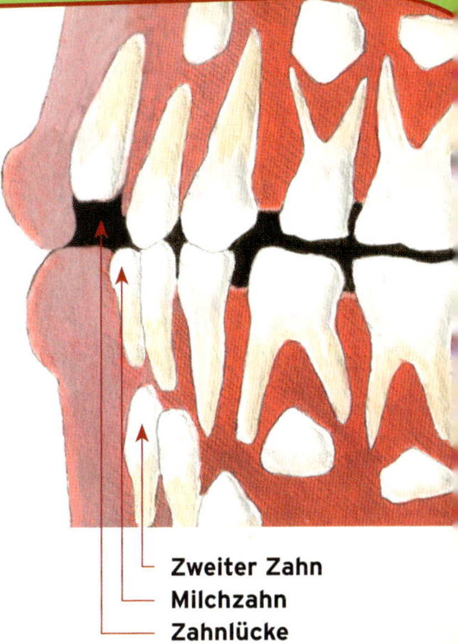

ABC-Schützen

Fällt der Milchzahn aus, sieht man den neuen meist noch nicht. Eine Zahnlücke entsteht. Hast du auch eine?

Bleibende Zähne

Mit etwa 13 Jahren hast du alle zweiten Zähne bekommen. Dein Kiefer ist groß genug für alle Zähne.

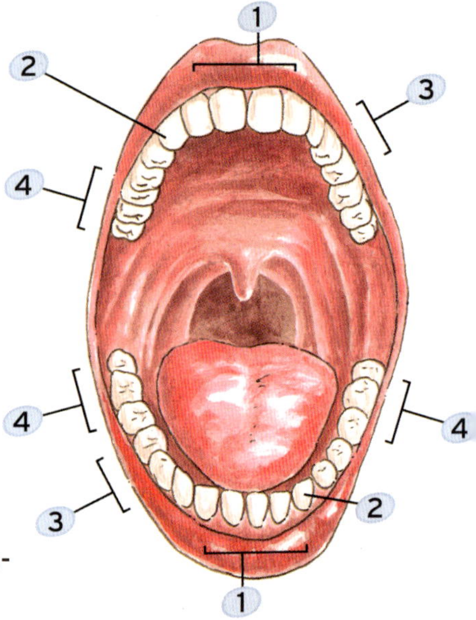

Ausgewachsen

Das vollständige Gebiss eines Erwachsenen besteht aus 32 Zähnen – Weisheitszähne mitgezählt.

Benny Blu Wissens-Tipp

Die Weisheitszähne vererbten uns die Urmenschen. Sie hatten größere Kiefer als wir. Heute werden die Weisheitszähne oft gezogen. Dann ist mehr Platz für die anderen.

Beißen, reißen und zermahlen

Du hast verschiedene Zähne im Mund. Jeder hat eine bestimmte Aufgabe. Auf Seite 14 siehst du, wo die einzelnen Zähne im Kiefer sitzen.

Schneiden

Die meißelförmigen Schneidezähne (1) beißen ab und schneiden.

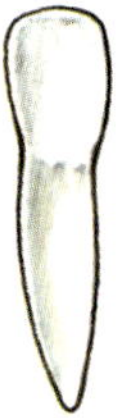

Reißen

Die Eckzähne (2) mit der längsten Wurzel zerreißen zähe Brocken.

Zerkauen

Die vorderen kleinen Backenzähne (3) besitzen zwei Kauspitzen. Sie zerkauen das Essen zu Brei.

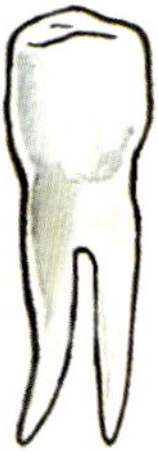

Zermahlen

Mit den vier Kauspitzen zermahlen die hinteren großen Backenzähne (4) den Brei weiter.

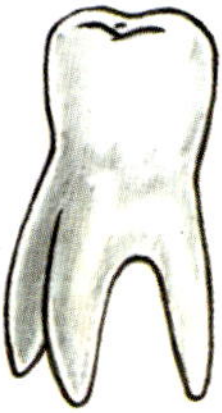

Benny Blu Zahn-Puzzle

Welche Zahnwurzel passt in welches Zahnfach? Aus jeder richtigen Antwort ergibt sich die Bedeutung eines Sprichwortes.

1 Auf den Zahn fühlen

2 Haare auf den Zähnen haben

3 Die Zähne zusammenbeißen

4 Die Zähne zeigen

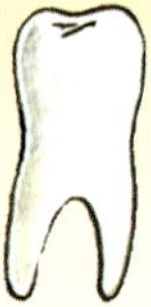

Das bedeutet:

A Jemandem drohen

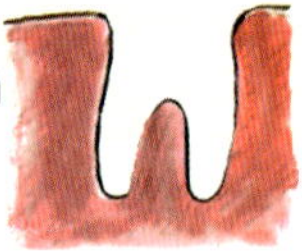

B Tapfer sein

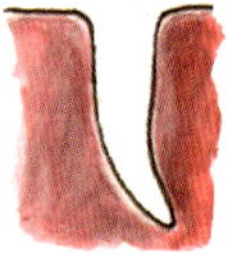

C Abweisend sein

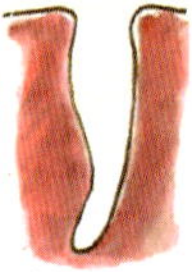

D Etwas prüfen

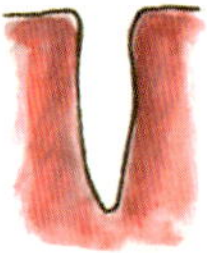

Kranke Zähne

Beim Essen legen sich Speisereste an die Zähne. Dort nisten sich Bakterien ein. Das sind winzige Lebewesen. Alles zusammen nennt man Zahnbelag.

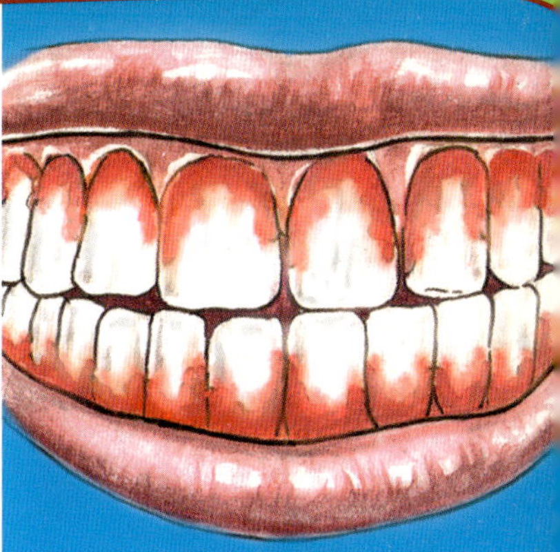

Färbetabletten aus der Apotheke machen den Zahnbelag sichtbar.

Ungeputzte Zähne

Putzt du die Zähne nicht richtig, vermehren sich die Bakterien. Du bekommst die Zahnkrankheit „Karies".

Bakterien greifen die Zähne an.

Die Waffe der Bakterien

Süßigkeiten enthalten viel Zucker. Bakterien lieben Zucker. Sie wandeln ihn in gefährliche Säure um.

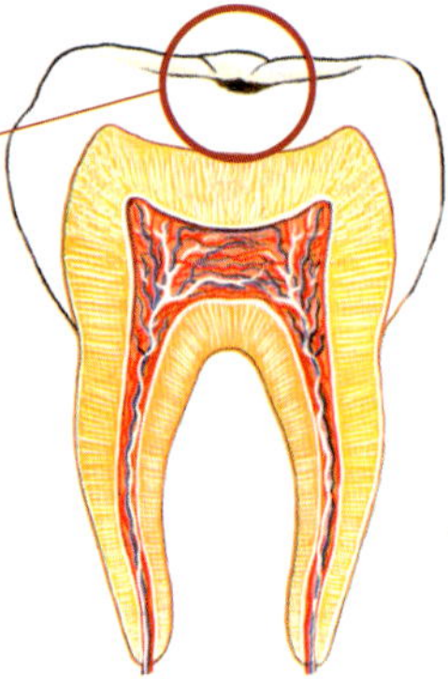

Säure-Attacke

Die Säure der Bakterien greift den Zahnschmelz an und zerstört ihn.

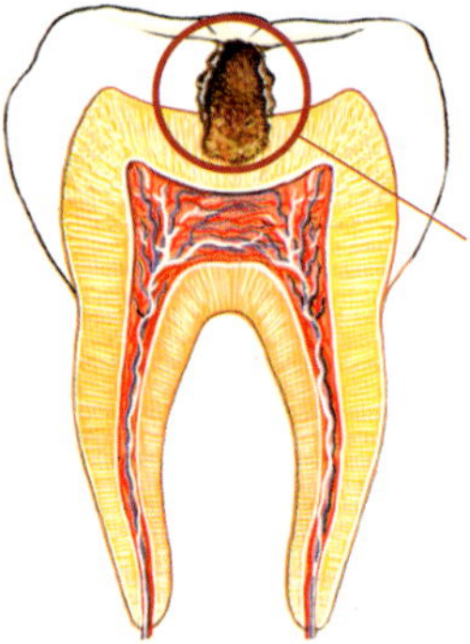

Kleines Loch

Die Bakterien dringen durch das kleine Loch im Zahnschmelz. Sie greifen das darunter liegende Zahnbein an. Das tut weh.

Im Zahnmark

Schnell erreichen die Bakterien das weiche Zahnmark. Von dort gelangen sie zu den Nerven und Blutgefäßen.

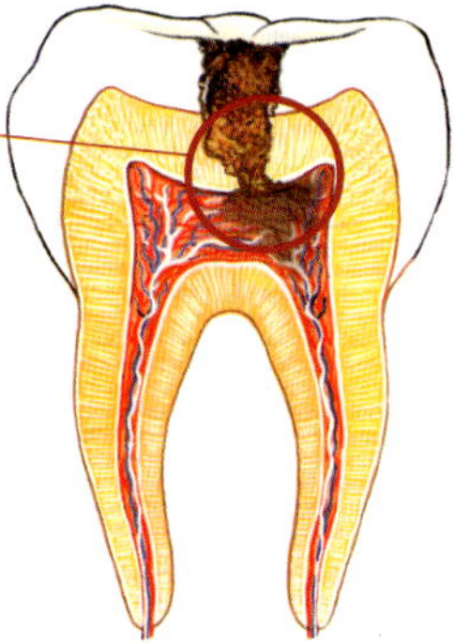

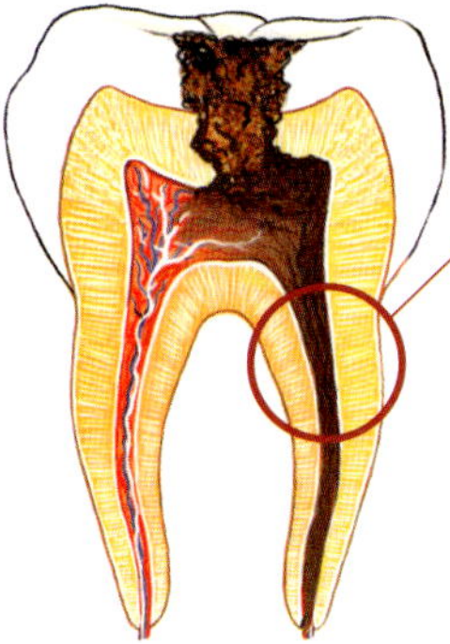

In der Wurzel

In der Zahnwurzel angekommen, richten die Bakterien großen Schaden an. Der ganze Zahn ist krank. Die Schmerzen werden schlimmer.

Benny Blu Zwischenfrage

Weißt du noch, was sich im Zahnbelag einnistet?

Wenn du es nicht mehr genau weißt, schau noch einmal auf Seite 17 nach!

Benny Blu Geheim-Tipp!

Schutz gegen Karies

Du solltest deine Zähne sorgfältig pflegen. So schützt du sie gegen die gefährlichen Kariesbakterien.

Gesundes Essen

Zu viel Zucker lockt Kariesbakterien an. Iss besser frisches Obst, Nüsse, Körner und rohes Gemüse. Auch Getränke ohne Zucker schmecken lecker!

Zähne richtig putzen!

Die Zähne putzt du am besten zweimal täglich. Am gründlichsten gelingt es nach der KAI-Methode. Eine Fluorid-Zahnpasta härtet deinen Zahnschmelz.

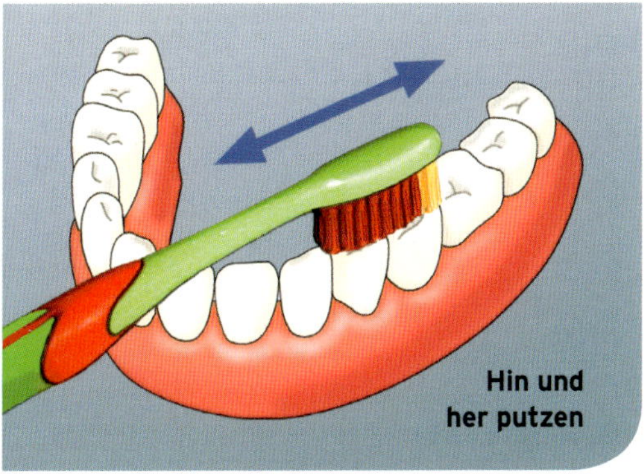

Kauflächen

Zuerst putzt du die Kauflächen. Aber bitte nicht zu fest!

Außenseiten

Reinige sie in kreisenden Bewegungen – vom Zahnfleisch zu den Zähnen hin.

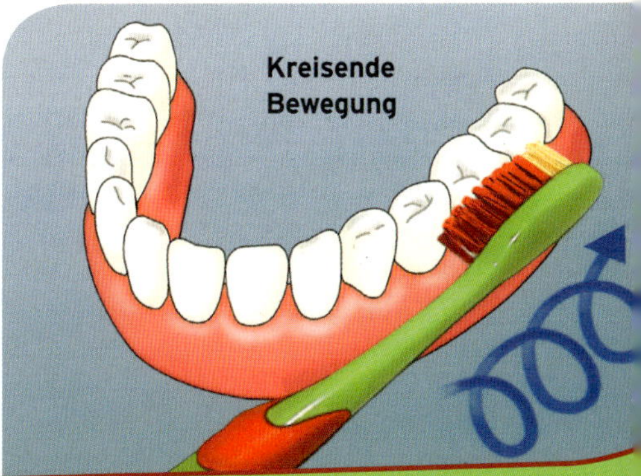

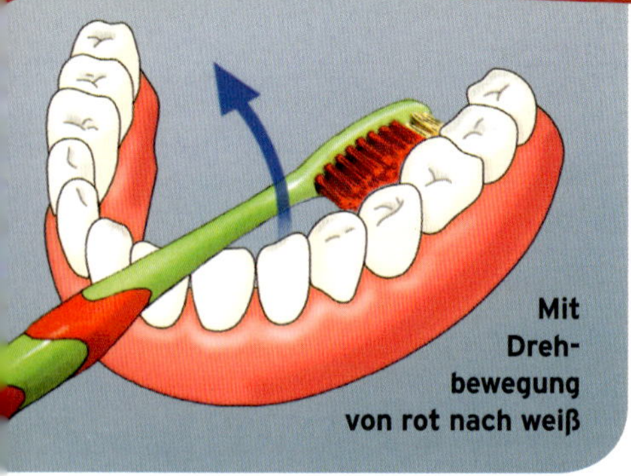

Innenseite der Backenzähne

Bürste sie mit einer Drehbewegung – vom Zahnfleisch zu den Zähnen hin.

Innenseite der Schneidezähne

An der Innenseite der Schneidezähne bewegst du die Zahnbürste hoch und runter.

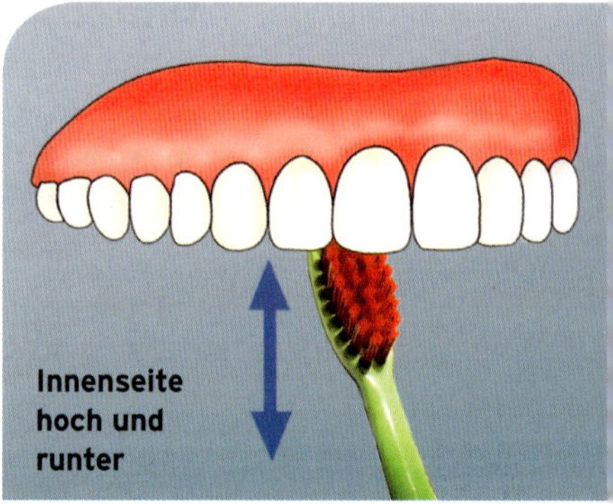

Benny Blu Wissens-Tipp

An einem Übungsgebiss zeigt dir dein Zahnarzt sicher gerne, wie du deine Zähne richtig putzt!

Der Zahn-Beschützer

Halbjährlich lädt der Zahnarzt Kinder kostenlos zur Vorsorge ein. Er schaut dann nach, ob die Zähne gesund sind.

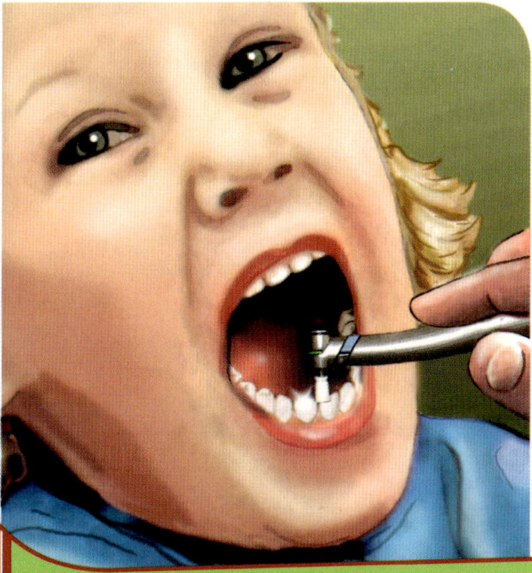

Putzen und polieren

Mit einem speziellen Gerät putzt und poliert der Zahnarzt die Zähne. Danach strahlen sie wieder!

Versiegeln

In den tiefen Rillen der Kauflächen fühlen sich Bakterien wohl. Deshalb ist es gut, sie mit einem Schutzlack auszufüllen. Das hält die Bakterien ab.

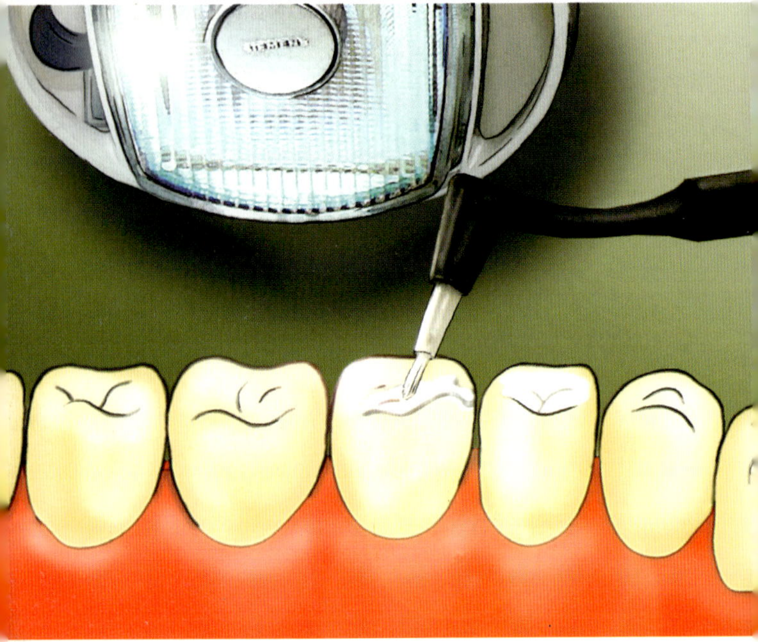

Zusätzlich betupft der Zahnarzt alle Zähne mit einem Fluorid-Gel. Das härtet den Zahnschmelz.

Reparieren

Saubere Zähne werden selten krank. Aber manchmal passiert es doch. Dann putzt der Zahnarzt die von Karies befallenen Stellen sauber aus.

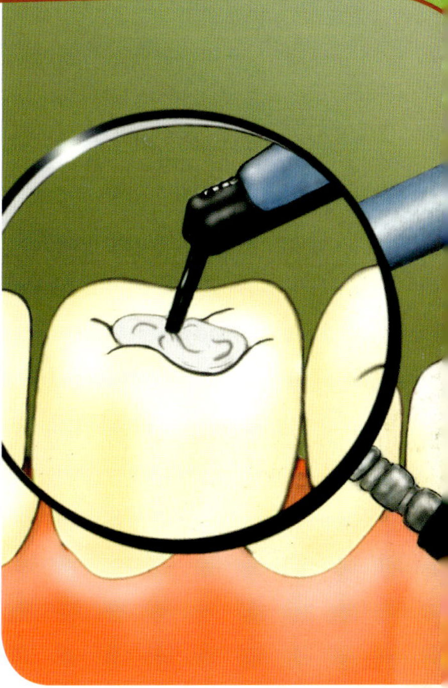

Füllen

In das entstandene Loch kommt weißer Kunststoff.

Benny Blu Wissens-Tipp

Am besten benutzt du zwei Zahnbürsten: morgens eine normale und abends eine elektrische Zahnbürste. Die Zähne werden so richtig sauber. Sie bleiben lange gesund!

Warum fallen Zähne aus?

Bei alten Menschen zieht sich das Zahnfleisch häufig zurück. Die Haltefasern werden locker. Sie verankern den Zahn nicht mehr richtig. Er fällt aus!

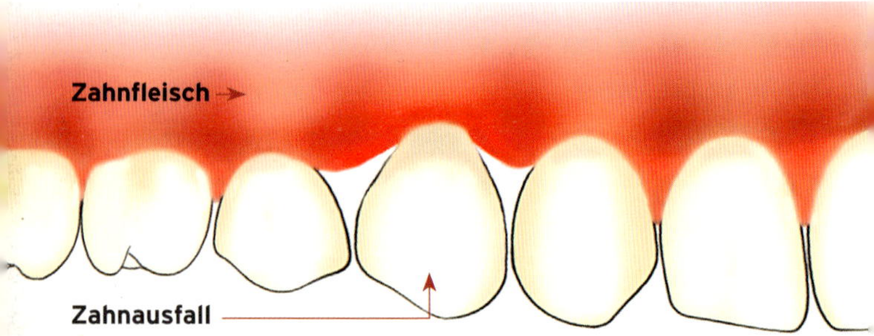

Dritte Zähne

Sind viele Zähne ausgefallen, lässt man sich ein Gebiss machen. Diese „dritten Zähne“ müssen auch geputzt werden. Nachts kann man sie herausnehmen.

Benny Blu Gebiss-Rätsel

Weißt du, welche Zähne zu welchem Tier gehören? Ordne jedes Tier dem passenden Gebiss zu! Die Beschreibungen darunter helfen dir dabei.

Der Hai ... **Das Pferd ...** **Die Maus ...**

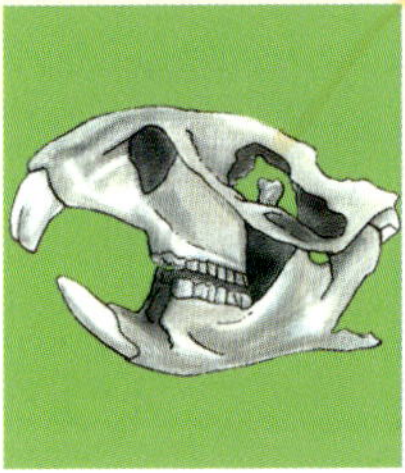

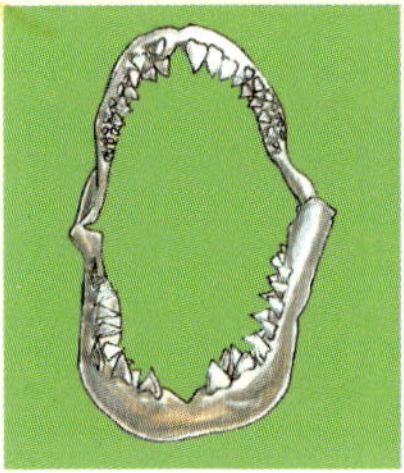

... rupft und mahlt. **... nagt.** **... reißt.**

Alle Lösungen findest du auf der letzten Seite!

Benny Blu Geheim-Tipp!

Benny Blu Wissens-Tipp

Vergifteter Biss

Der Komodowaran ist über drei Meter lang. Mit den messerscharfen Zähnen beißt die Riesenechse ihre Beute.

Auf den Zähnen sitzen gefährliche Bakterien. Durch den Biss gelangen sie ins Blut des Opfers. Das Tier stirbt an Blutvergiftung. Die Mahlzeit für die Echse liegt bereit.

Benny Blu Bücher

... vermitteln Wissen kinderleicht
... machen fit für die Schule
... bringen Spaß für die Leser

Wissen für alle von 5 bis 105!

Andreas Hinkel

Lukas Koch

Thomas Bug

Henry Maske

Nina Ruge

Walter Röhrl

Christian Häckl

Prominente Autoren

Viele prominente Autoren schreiben für Benny Blu! Sie geben ihr Sachwissen gerne weiter. Zusammen mit Benny Blu setzen sie sich regelmäßig für Kinder in schwierigen Lebenssituationen ein.

Kein Benny Blu Buch verpassen!

Wer kein Benny Blu Buch verpassen will, nutzt den **Benny Blu Newsletter-Service**. Mehr Infos unter www.BennyBlu.de.

Benny Blu Bücher

Adler – Könige der Lüfte
Ägypten – Leben am Nil
Altes Rom – Soldaten, Götter, Spiele
Autos – Vom Dampfwagen zum Flitzer
Babys – Das Leben beginnt
Bauernhof – Leben auf dem Land
Benehmen – Bitte, danke, gern geschehen
Bienen – Fleißige Honigmacher
BRD – So ist sie aufgebaut
Brot – Vom Mehl zum Brot
Bücher – So werden sie gemacht
Christentum – Der Glaube an Jesus
Delfine – Schlaue Schwimmer
Dinosaurier – Faszinierende Urtiere
Eichen – Vom Samen zum Baumriesen
Eisbären – Raues Leben in der Arktis
Eisenbahn – Von der Pferdebahn zum ICE
Elefanten – Sanfte Riesen
Erde – Unser Lebensraum
Fernsehen – Filmen, senden, gucken
Feuerwehr – Löschen, retten, bergen, schütz
Flugzeuge – Vom Gleiter zum Airbus
Frösche – Quakkonzert am Teich
Fußball – Team, Tor, Sieg
Gefühle – Verstehen und damit umgehen
Getreide – Vom Korn zum Mehl
Glas – Stoff mit Durchblick
Handy – Telefone und Funklöcher
Hausbau – Von der Planung zum Einzug
Heilpflanzen – Blüten, Tee und Zauberkraft
Hunde – Freunde der Menschen
Igel – Stachlige Urtiere
Indianer – Wigwam und Büffeljagd
Kaninchen – ... und Hasen
Katzen – Schnurren oder kratzen
Kino – Wie die Bilder laufen lernen
Körper – So funktioniert er
Kolumbus – Entdeckung der Neuen Welt

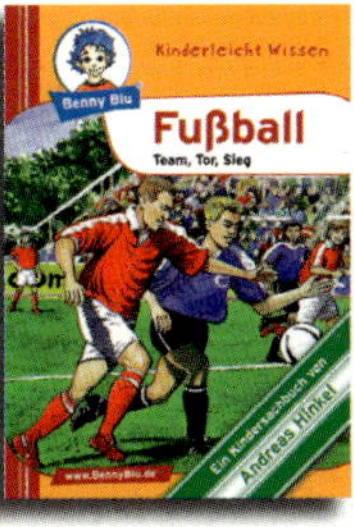

Lerntipps – Leichter lernen
Meisen – Geschickte Gartenvögel
Milch – Vom Euter bis zur Flasche
Ostern – Das Fest der Freude
Papageien – Bunt und gesellig
Pferde – Schön, schnell und stark
Piraten – Räuber der Meere
Polizei – Hilfe, Schutz, Verbrecherjagd
Radio – Senden und empfangen
Ritter – Lanze, Ross und Reiter
Schiffe – Segelschiffe, Dampfer, Frachter
Schlangen – Züngeln, schlängeln, zischen
Schmetterlinge – Von der Raupe zum Falter
Schokolade – Süßes vom Kakaobaum
Sport – Olympisch fit und fair
Tannen – Immergrüne Nadelbäume
Tiger – Gestreifte Großkatzen
Verkehr – Sicher auf der Straße
Vulkane – Feuer speiende Berge
Wasser – Aus der Quelle ins Glas
Weihnachten – Das Fest der Liebe
Weltall – Sterne und Planeten
Wetter – Regen, Wolken, Sonnenschein
Wiese – Blumen, Gräser und Tiere
Wikinger – Raues Seefahrervolk
Zähne – Starke Beißer
Zeit – Messbar, aber nicht zu fassen
Zucker – Aus der Rübe in die Tüte

... und viele weitere Titel.

Mehr Infos zu Benny Blu
unter der Hotline:
01805/71 15 71 (0,12 €/Minute)
oder im Internet unter:

www.BennyBlu.de

Alle Lösungen auf einen Blick

Damit du die Lösungen lesen kannst,
musst du das Buch drehen.

Von Seite 16:

Benny Blu Zahn-Puzzle

Spitze! Die Lösungen sind:
1D, 2C, 3B, 4A.

Von Seite 19:

Benny Blu Zwischenfrage

Richtig! Im Zahnbelag nisten sich Bakterien ein.

Von Seite 27:

Benny Blu Gebiss-Rätsel

Sehr gut! Der Hai reißt, das Pferd rupft und mahlt und die Maus nagt mit dem Gebiss.